TRASTORNO BIPOLAR

Guía para comprender y tratar el trastorno bipolar

Amanda Allan

CONTENTS

Introducción   1

Capítulo 1: ¿Qué es el trastorno bipolar?   3

Capítulo 2: ¿Cuáles son los cuatro tipos de trastorno bipolar?   6

Capítulo 3: ¿Qué síntomas hay que tener en cuenta?   9

Capítulo 4: ¿Cómo se diagnostica el trastorno bipolar?   17

Capítulo 5: ¿Cuáles son las causas y los factores de riesgo del   21
trastorno bipolar?

Capítulo 6: ¿Cómo se trata normalmente el trastorno bipolar?   24

Capítulo 7: Tratamientos alternativos para controlar los síntomas   30

Capítulo 8: Cómo ayudar a los seres queridos con trastorno   40
bipolar

Capítulo 9: Formas de prevenir futuros episodios de mal humor   54

Conclusión   59

INTRODUCCIÓN

Cualquier médico o profesional de la medicina puede analizar una enfermedad mental utilizando los conocimientos que ha adquirido a lo largo de sus muchos años de práctica y dar consejos sobre cómo gestionarla, pero ¿cómo reconocer los síntomas y encontrar tratamiento siendo una persona normal y corriente? ¿Cómo reconocer las señales de una colisión inminente de cambios de humor severos, semanas sin dormir y, lo que es peor, la falta de saber cuándo pedir ayuda?

Las personas con trastorno bipolar no diagnosticado o no tratado no suelen pensar con claridad en los momentos de emociones exacerbadas, lo que tristemente suele dejar tras de sí un rastro de destrucción. Sus familiares pueden sentirse estresados y confusos al no saber por qué se comportan así cuando el día anterior estaban bien, y seguir luchando por arreglar los pedazos rotos que su ser querido dejó atrás.

Éste es sólo uno de los muchos escenarios a los que una persona que padece los síntomas del trastorno bipolar puede verse obligada a enfrentarse cada día. Los resultados de dejar los síntomas sin tratar pueden ser aterradores, y a veces peligrosos, tanto para la persona como para sus seres queridos. Sin embargo, todavía hay una luz brillante al final de lo que parece ser un túnel oscuro e imposible. La recuperación y el control de los síntomas del trastorno bipolar son posibles con el tratamiento adecuado, el compromiso de mejorar y el amor y el apoyo de la familia y los amigos.

Este libro no es una guía para médicos y enfermeras repleta de terminología médica y estudios de casos, sino más bien un recurso para aquellos que intentan quererse y apoyarse a sí mismos o ayudar a un ser querido a ganar la batalla contra el trastorno bipolar.

CAPÍTULO 1: ¿QUÉ ES EL TRASTORNO BIPOLAR?

En la sociedad y en los programas de televisión se habla de la enfermedad mental conocida como trastorno bipolar, pero rara vez se representa correctamente. Se ve a alguien actuando de forma irracional y haciendo todo lo posible por hacer daño a la gente, o como sospechoso de un crimen brutal. Estas representaciones no hacen más que aumentar el estigma de las personas que ya están librando una dura batalla contra su propio cerebro. Quizá si todo el mundo supiera lo que implica esta enfermedad mental y por lo que pasan realmente las personas que la padecen, apoyarían y animarían más a quienes buscan ayuda desesperadamente.

¿Qué es exactamente el trastorno bipolar?

El trastorno bipolar es una enfermedad mental grave que dura toda la vida y que, en términos sencillos, se considera una montaña rusa emocional de altibajos.

Los altibajos de esta montaña rusa se denominan manía y depresión. Los cambios de humor extremos y los estragos que causan pueden afectar a todos los aspectos de la vida. Afectan a la calidad del sueño y a los niveles de energía. Afectan a la atención y a la concentración, causan incapacidad para pensar con claridad y, en consecuencia, afectan al comportamiento y al juicio. Todos estos aspectos pueden causar problemas en el trabajo o en el rendimiento escolar, así como en las relaciones personales. Su confianza y autoestima pueden verse fácilmente destruidas, a menudo llevándose por delante su vida social. Cuando las personas son incapaces de pensar con claridad, pueden tomar decisiones equivocadas que pueden llevarles a problemas financieros y legales.

Todo el mundo ha experimentado sentimientos depresivos al menos una vez en su vida. Reconocidos a menudo como los agotadores sentimientos de tristeza y soledad, afectan en gran medida a la capacidad de relacionarse social y personalmente con quienes nos rodean, a pesar de nuestro deseo interior de hacerlo. Estos sentimientos de ser una carga pueden hacer que uno quiera simplemente encerrarse lejos de toda la sociedad.

La manía es el extremo opuesto de la depresión. Es como beber 50 bebidas energéticas a la vez y caer desde un rascacielos. Es estar despierto en la cama toda la noche con los ojos cerrados esperando a que salga el sol y, aun así, tener el impulso y la energía para tener un día frenético lleno de actividades al día siguiente. Es estar tan emocionado por contarle una historia a alguien que te olvidas de respirar. Es hacer ejercicio durante tres horas seguidas y seguir teniendo energía de sobra. Es el corazón acelerado y la incapacidad de quedarse quieto cuando intentas relajarte. Son los pensamientos intrusivos aleatorios que llevan tus conversaciones en todas las direcciones menos en el punto previsto de la historia. A veces, esos pensamientos intrusivos pueden ser tan extremos que provocan alucinaciones y delirios. A veces, los pensamientos se vuelven tan aterradores que necesitas ser hospitalizado por tu propia seguridad. Después de toda caída libre hay un desplome, y tan alto como era ese rascacielos es lo bajo que vas a caer cuando toques fondo. La destrucción causada durante la caída tendrá consecuencias, y a veces las enormes cantidades de daño infligido te dejarán allí para limpiarlo. Solo. Sin esperanza. Deprimido.

La manía tiene una hermana pequeña menos intensa, llamada hipomanía. Se considera que la intensidad y gravedad de un episodio hipomaníaco son significativamente menores que las de un episodio maníaco completo. La probabilidad de entrar en un estado de psicosis también es menor que en la manía. La hipomanía puede ser los signos iniciales de un episodio maníaco completo o ser un punto de transición cuando se pasa de un episodio maníaco a uno depresivo mayor.

Los síntomas no siempre serán evidentes, y la manía y la depresión no siempre estarán presentes. Dependiendo de los niveles de estrés de la persona y de lo bien que controle sus síntomas, una persona con esta enfermedad mental puede pasar largos periodos de tiempo sin sufrir un episodio importante del estado de ánimo. Pueden seguir teniendo cambios de humor entre estos episodios, pero no serán tan graves.

¿Hay alguna diferencia entre el trastorno bipolar y la depresión maníaca?

La respuesta a esta pregunta es tanto sí como no. El término maníaco depresivo era el término original para designar el trastorno bipolar y se remonta a la antigua Grecia, cuando se utilizó por primera vez para describir los síntomas de todas las enfermedades mentales emocionales o basadas en el estado de ánimo. Con el tiempo, el término "maníaco" se estigmatizó y se volvió menos clínico. En la década de 1980, el diagnóstico se cambió oficialmente por el de trastorno bipolar. Es posible que los términos médicos se utilicen indistintamente, pero el término correcto es trastorno bipolar.

CAPÍTULO 2: ¿CUÁLES SON LOS CUATRO TIPOS DE TRASTORNO BIPOLAR?

Si está familiarizado con el trastorno bipolar, lo más probable es que conozca los tipos uno y dos. Sin embargo, el conocimiento del público en general sobre el trastorno bipolar sólo llega hasta los tipos uno y dos. No mucha gente sabe que en realidad hay cuatro tipos diferentes de diagnóstico bipolar, cada uno con sus propios tipos de cambios de humor y síntomas. Por lo tanto, todos ellos vienen con diferentes requisitos o criterios específicos con el fin de obtener un diagnóstico adecuado.

Trastorno bipolar uno

Una persona con el primer tipo de trastorno bipolar ha experimentado al menos un episodio maníaco, seguido de un episodio hipomaníaco o depresivo. Los cambios de humor son muy notables y pueden llegar a ser extremadamente peligrosos si la persona comienza el proceso de psicosis. Es posible que una persona con este tipo de trastorno bipolar nunca experimente un episodio depresivo *grave*, pero sí depresión después de sus episodios maníacos.

Trastorno bipolar dos

El hecho de que este tipo de trastorno bipolar sea de tipo dos no significa que sea una forma menos grave o más leve de la enfermedad en comparación con el tipo uno. Sigue causando alteraciones significativas en la vida cotidiana de la persona y es un diagnóstico completamente distinto. Una persona con trastorno bipolar tipo dos ha experimentado al menos un episodio depresivo mayor y un episodio hipomaníaco que han durado más de dos semanas. Cuando la persona que experimenta estos episodios depresivos graves decide buscar ayuda médica, es posible que se le diagnostique erróneamente que sólo tiene depresión debido a la falta de manía. Esto es muy común, y lamentablemente, la persona no recibe la ayuda que necesita porque su tratamiento se centra sólo en la depresión, en lugar de la depresión y la hipomanía.

Trastorno ciclotímico

Este trastorno se conoce comúnmente como ciclotimia, y se considera de la familia bipolar. Los síntomas son menos graves que en el trastorno bipolar uno y dos, y se caracterizan por tener muchos episodios depresivos e hipomaníacos. Los cambios de humor son notables en comparación con el comportamiento normal de la persona. La ciclotimia puede ser muy difícil de sobrellevar, ya que se pasa de sentirse de maravilla unos días a sufrir un colapso y sentirse fatal al día siguiente. Este trastorno puede alterar la funcionalidad del día a día de la persona y convertirse más tarde en un diagnóstico de bipolar uno o dos. También puede manifestarse como una afección comórbida con un trastorno de ansiedad.

Trastorno bipolar "Otros especificados" y "Sin especificar"

Si alguien recibe el diagnóstico de trastorno bipolar no especificado y no especificado, significa que sus síntomas o patrón de comportamiento no cumplen necesariamente los criterios del trastorno bipolar uno, bipolar dos o ciclotimia. Siguen experimentando cambios o elevaciones anormales del estado de ánimo, pero sus síntomas normalmente están ligados a otras cuestiones. Pueden sentir estos cambios anormales de humor debido a problemas de abuso de alcohol o drogas. Algunas personas pueden tener otras afecciones médicas que causan sus síntomas, como la esclerosis múltiple o la enfermedad de Cushing. Los síntomas pueden causar una perturbación en su vida diaria, pero aún así no cumplen los criterios para un diagnóstico específico de trastorno bipolar.

CAPÍTULO 3: ¿QUÉ SÍNTOMAS HAY QUE TENER EN CUENTA?

Las señales de advertencia del trastorno bipolar son mucho más que cambios de humor extremos e irracionales. A menudo se produce una acumulación de síntomas antes incluso de que se produzca el primer episodio de estado de ánimo grave. Los cuatro tipos de trastorno bipolar presentan los mismos síntomas, sólo depende de la frecuencia con que se produzca cada uno de ellos y de si todos esos síntomas forman un patrón de comportamientos que se ajustan a un determinado criterio.

Episodios maníacos e hipomaníacos

Anormalmente alegre y nervioso

Durante un episodio maníaco, se considera que una persona está inusualmente animada. A veces parece que se ha bebido todo el café de la casa y está anormalmente nerviosa y excitada. Mientras que algunas personas describen su manía como algo que les da una energía extraordinaria, otras describen un nivel extremo de irritabilidad. La manía no consiste siempre en estar demasiado excitado y enérgico; puede estar llena de ira y de un sentimiento constante de irritación.

Menos necesidad de dormir

A medida que avanza la manía, la necesidad de dormir es cada vez menor. Las personas describen que su cerebro divaga durante toda la noche, o se quedan despiertos toda la noche y trabajan en proyectos porque tienen demasiada energía para simplemente tumbarse en la cama. Los proyectos que empiezan rara vez se terminan porque hay algo que les llama la atención, o se aburren rápidamente y empiezan uno nuevo.

Pensamientos inusualmente locuaces y fugaces

Una persona que experimenta un episodio maníaco completo utilizará su exceso de energía para hablar más de lo normal. No sólo hablan en exceso, sino que a menudo lo hacen demasiado deprisa para que se les entienda. Sus pensamientos acelerados y fugaces hacen que sea difícil mantenerse en el tema de la conversación, y son constantemente interrumpidos por sus propios pensamientos, lo que hace que vayan en una dirección completamente diferente de lo que estaban discutiendo previamente.

Comportamientos adictivos más destacados y sentimientos de grandeza

Las personas que ya tienen una personalidad adictiva pueden encontrar más atractivas algunas conductas adictivas durante un episodio maníaco. Pueden beber más a menudo y en mayor cantidad de lo que lo harían normalmente. Pueden participar en el consumo de drogas, haciendo que sus síntomas se amplifiquen y duren más tiempo. Algunas personas sienten el impulso de ir de compras y gastar el dinero que no tienen en artículos que no necesitan. Compran regalos aleatorios y caros para todos sus conocidos y acumulan deudas importantes por el camino. En lugar de gastar el dinero no disponible en compras, algunas personas optan por apostar. Pasan horas en el casino hasta que no tienen más remedio que marcharse porque lo han perdido todo. Su falsa sensación de euforia y su gran confianza en sí mismos les hace creer que no necesitan parar.

Comportamientos de riesgo y mala toma de decisiones

El comportamiento adictivo que se exhibe va de la mano con el síntoma de correr riesgos no calculados y de tomar malas decisiones. A veces estos riesgos no calculados llevan a alguien con trastorno bipolar a ser hipersexual. Ser hipersexual con múltiples parejas ya es bastante arriesgado, pero a menudo no piensan en protegerse, y la falta de protección suele tener consecuencias no deseadas. Algunas mujeres se quedan embarazadas una vez finalizado el episodio maníaco sin saber quién es el padre, y otras se ven en la necesidad de someterse a pruebas de detección de enfermedades e infecciones de transmisión sexual debido a la falta de protección durante la actividad sexual.

Alucinaciones y delirios

Con la incapacidad para dormir y los constantes pensamientos intrusivos, cuanto más se prolonga un episodio maníaco, más probable es que la persona entre en un estado de psicosis. Las alucinaciones y los delirios de grandeza pueden llegar a ser tan extremos que la persona se convierta en un peligro para sí misma y para todos los que la rodean. Es entonces cuando hay que plantearse la hospitalización y llevarla a cabo con calma. Nadie quiere estar encerrado en una habitación en observación durante días, pero cuando se trata de vivir peligrosamente o de volver a estabilizarse, seguro que sus seres queridos prefieren que reciba la ayuda que necesita. Todos los síntomas mencionados pueden aparecer en un episodio maníaco o hipomaníaco; sin embargo, un episodio maníaco completo requiere al menos tres o más de estos síntomas.

Episodios depresivos y depresivos mayores

Los criterios de un episodio depresivo mayor difieren de los de un episodio maníaco completo. Un episodio maníaco requiere tres o más síntomas, o se considera un episodio hipomaníaco. Un episodio depresivo mayor requiere cinco o más síntomas, o sólo se considera un episodio depresivo.

Los síntomas de un episodio depresivo o depresivo mayor son tal y como uno se imagina que se siente la depresión. La persona sentirá una abrumadora sensación de tristeza y desesperanza. Puede volverse anormalmente emocional ante los más pequeños inconvenientes y llorar con frecuencia. También puede irritarse con más facilidad en lugar de llorar. La irritabilidad es más frecuente en los adolescentes, que tienden a irritarse más a menudo como consecuencia de su drástico cambio hormonal.

Pérdida de interés por las aficiones y el placer de las actividades

Puede que las cosas en las que antes le hacía feliz participar ya no le interesen. Los programas de televisión que te encantaba ver con tu familia se han vuelto aburridos y sin sentido. Todos los proyectos que empezaste durante tu último estallido de energía o episodio maníaco te parecen estúpidos, y no tienes capacidad para sentarte y terminarlos. No quieres hacer deporte ni ejercicio, de hecho, no quieres hacer nada que requiera que te levantes de la cama.

Aumento o pérdida significativa de peso

El peso puede ir en cualquier dirección durante un episodio depresivo. Mientras que algunas personas se sienten insaciables durante un episodio depresivo, otras pierden completamente el apetito. Los constantes atracones pueden provocar un importante aumento de peso, lo que lleva a la persona a sentirse aún peor consigo misma. En el otro extremo del espectro, la falta de energía para levantarse y comer puede exacerbar la pérdida de apetito, haciendo que la persona pierda una gran cantidad de peso y se sienta enferma porque se está desnutriendo.

Dormir demasiado o insomnio

Al igual que el peso, el sueño puede ir a un extremo u otro del espectro. La idea de un horario de sueño se va por la ventana cuando la persona sólo quiere tumbarse en la cama y dormir todo el día. En el otro extremo, algunas personas descubren que sus pensamientos oscuros y depresivos hacen imposible el sueño, lo que provoca un insomnio crónico. Incluso puede haber un momento en el que experimentes ambos síntomas. Puede que duerma demasiado durante el día, de modo que cuando llega la noche es incapaz de conciliar el sueño con normalidad.

Inquietud o movimiento notablemente más lento

La depresión puede hacer que algunas personas se sientan inquietas. Sienten la necesidad de levantarse y hacer algo, pero no tienen energía para ello. Algunas personas notan que la vida parece ir más lenta de lo normal durante un episodio depresivo. Esta lentitud de la vida hace que la persona se sienta aún más inquieta y agotada.

Sentimientos excesivos de culpa inapropiados

La depresión puede hacerte sentir culpable de todo lo que ocurre en el mundo, aunque no sea culpa tuya. Puede que te encuentres disculpándote por todo y sientas que si algo va mal es automáticamente culpa tuya. Sentirse culpable y culparse por todo lo que ocurre sólo hace que te sientas peor, y puede empujarte aún más al profundo agujero de la depresión.

Indecisión

Un episodio depresivo puede hacer que hasta las decisiones más sencillas parezcan complejas. ¿Quieres pollo o ternera para cenar? No lo sabe. ¿Quieres vestirte de rojo o de azul hoy? No tiene ni idea. Entonces te sientes culpable y desesperanzado porque no has podido decidirte. Si es tan difícil decidirse por una simple elección, ¿cómo de difícil va a ser tomar decisiones que cambian la vida? ¿Cómo puede un adolescente decidir si quiere ir a la universidad o trabajar al acabar el instituto cuando ni siquiera puede decidir qué ropa ponerse ese día?

Aislamiento y sensación de carga

Sentirte inútil y fracasado puede hacerte sentir que eres una carga para todos los que forman parte de tu vida. Sientes la necesidad de aislarte para que no tengan que soportar más tu existencia sin sentido. Es más fácil estar solo que sentir que tu familia pierde el tiempo intentando que te sientas mejor. Es más fácil taparse la cabeza con el edredón que escuchar a tus seres queridos rogarte que recibas la ayuda que, en primer lugar, no mereces. Eres indigno de su preocupación y su amor, la vida es más fácil y tranquila en el aislamiento. Así que te sientas en la oscuridad y te obsesionas con tus abrumadoras emociones.

Ideación suicida

Una vez que una persona en estado depresivo mayor ha tocado fondo en su pozo profundo, ha alejado a todo el mundo y se ha aislado por completo, puede aparecer la ideación suicida. En este punto, han llegado a creer que sus sentimientos de desesperanza e inutilidad son verdaderos y exactos. Pueden empezar a sentir que la muerte es su único escape del dolor interno que sienten a diario. Pueden empezar a pensar en ello con regularidad, lo que suele ir seguido de la elaboración de un plan, y finalmente puede culminar en el intento de quitarse la vida. En este punto, la hospitalización suele ser la única forma de garantizar su seguridad y recuperación.

Síntomas en niños y adolescentes

Los síntomas del trastorno bipolar son más difíciles de descifrar en niños y adolescentes. A padres y médicos les cuesta decidir si sus rápidos cambios de humor se deben a una enfermedad mental o si se trata sólo de su personalidad o de un cambio hormonal. Los niños ya tienen problemas para ser indecisos y tomar decisiones arriesgadas. ¿Cómo saber si se trata de un problema de comportamiento, de inmadurez o de un desequilibrio químico? Los médicos deben ser capaces de reconocer un patrón de estos comportamientos para darles un diagnóstico preciso, por lo que puede llevar bastante tiempo obtener un diagnóstico bipolar para un niño o un adolescente.

CAPÍTULO 4: ¿CÓMO SE DIAGNOSTICA EL TRASTORNO BIPOLAR?

El trastorno bipolar es una enfermedad mental que le acompañará de por vida, y la única forma de salir adelante es recibir el tratamiento adecuado. El primer paso para conseguir este tratamiento es recibir un diagnóstico adecuado.

Es hora de un chequeo

Una vez que han aparecido las señales de alarma del trastorno bipolar, ¿cómo se diagnostica para poder iniciar el tratamiento? En primer lugar, deberá concertar una cita con su médico de familia. Seguro que se pregunta por qué no llama a un terapeuta y concierta una cita con él, pero permítame que se lo explique. Tu médico de familia te hará un examen físico y una entrevista en la que te preguntará qué síntomas tienes. Lo más probable es que su médico le pida algunos análisis de sangre. El trastorno bipolar no aparecerá en tus análisis de sangre, pero te hará pruebas para detectar otras enfermedades o dolencias no tratadas que podrían afectar a tu comportamiento, como la enfermedad tiroidea.

Una vez obtenidos los resultados de los análisis de sangre y descartada cualquier otra enfermedad, el médico puede remitirle a un profesional de la salud mental.

Un profesional de la salud mental, como un psicólogo o un psiquiatra, le preguntará sobre sus síntomas y tomará nota de su patrón de conducta. También le preguntará cómo le afectan los síntomas y cómo influyen en su vida.

Diagnóstico del trastorno bipolar

El trastorno bipolar uno se diagnostica cuando un episodio maníaco ha durado más de una semana. También puede diagnosticarse si el episodio ha durado menos de una semana, pero ha sido lo bastante grave como para causar su hospitalización. Este diagnóstico no requiere necesariamente un episodio depresivo, ya que el trastorno bipolar uno sólo requiere un episodio maníaco completo para cumplir los criterios.

Diagnóstico del trastorno bipolar dos

El trastorno bipolar dos se diagnostica cuando un episodio depresivo mayor alterna con hipomanía durante más de dos semanas. Recuerde que el trastorno bipolar dos no requiere un episodio maníaco completo. Si alguien experimenta un episodio maníaco completo, cumpliría los criterios del trastorno bipolar uno con lo que se considera un episodio "mixto".

Diagnóstico del trastorno ciclotímico

El trastorno ciclotímico, o ciclotimia, se diagnostica cuando una persona presenta ciclos constantes, pero inestables, de episodios depresivos e hipomaníacos. Los ciclos tienen que durar al menos dos años; sin embargo, se diagnostica en niños y adolescentes después de sólo un año. Para un diagnóstico adecuado, los periodos de estos ciclos inestables tienen que durar menos de ocho semanas.

Diagnóstico para el trastorno bipolar "Otro especificado" o "Sin especificar"

El diagnóstico del trastorno bipolar "no especificado" es un poco más complicado. Las personas que padecen este tipo no cumplen los criterios de ningún otro tipo de trastorno bipolar, pero experimentan cambios de humor que se consideran anormales en ellos. Un profesional médico los vigilará para asegurarse de que sus síntomas no se conviertan en trastorno bipolar de tipo uno o dos.

Condiciones médicas comórbidas

Hay bastantes afecciones médicas que pueden acompañar al diagnóstico de trastorno bipolar. Algunos de los trastornos tienen lugar en otras partes del cuerpo, mientras que otros son otras enfermedades mentales que pueden acompañar a los síntomas.

El trastorno de ansiedad es un diagnóstico frecuente que acompaña al trastorno bipolar. La ansiedad puede causar alteraciones en el día a día de cualquier persona, y hacer que el funcionamiento cotidiano de alguien con trastorno bipolar se vea aún más alterado. El insomnio es un síntoma de ansiedad y la dificultad de encontrar un sueño adecuado puede causar una cantidad significativa de estrés en el cuerpo, desencadenando un episodio maníaco. El estrés adicional derivado de la posibilidad de un ataque de pánico o ansiedad puede hacer que alguien se aísle aún más durante un episodio depresivo. Es posible que un trastorno de ansiedad no se diagnostique de inmediato, pero puede sentirse más sensible a su nivel de ansiedad una vez que se añade la medicación a su régimen diario.

Los trastornos alimentarios no son raros con el trastorno bipolar, ya que muchas personas se vuelven ansiosas u obsesionadas con la cantidad de comida que ingieren durante un episodio depresivo. Se considera que muchas personas diagnosticadas de trastorno bipolar tienen sobrepeso y son más propensas a la diabetes y la hipertensión. El peso puede convertirse en un problema cuando alguien empieza a darse atracones durante un estado de depresión, o como efecto secundario de su medicación si ésta le provoca un aumento del apetito. Un episodio depresivo puede hacer lo contrario en otra persona y hacer que deje de comer por completo, lo que le hace perder una cantidad significativa de peso a un ritmo poco saludable. La obsesión por el peso suele continuar hasta que aparecen otros problemas médicos, como la deshidratación y la desnutrición, que requieren más atención médica.

El trastorno por déficit de atención con hiperactividad (TDAH) puede parecer que no está relacionado, pero se ha descubierto que es muy prominente dentro de la comunidad bipolar. La incapacidad para concentrarse debido a otros síntomas y la hiperactividad cerebral de un episodio maníaco son la receta perfecta para dar lugar al TDAH.

Las enfermedades cardíacas, los problemas de tiroides y los dolores de cabeza crónicos o las migrañas son problemas médicos que se encuentran en comorbilidad con el trastorno bipolar. El riesgo de padecer obesidad por comer en exceso puede afectar a la salud del corazón y se ve agravado por una disfunción tiroidea. Los efectos secundarios de algunos medicamentos causan problemas cardiovasculares que pueden provocar dolores de cabeza crónicos, migrañas y, posiblemente, un derrame cerebral. Si el tratamiento le está haciendo ganar peso, es posible que necesite que el médico que le prescribe la medicación se la cambie antes de que los efectos secundarios le causen más problemas.

CAPÍTULO 5: ¿CUÁLES SON LAS CAUSAS Y LOS FACTORES DE RIESGO DEL TRASTORNO BIPOLAR?

Puede parecer que los síntomas del trastorno bipolar surgen de la nada, pero ¿cuáles son las causas de que alguien padezca esta enfermedad mental? ¿Nacieron con una predisposición y después de cierto estrés los síntomas simplemente aparecen? ¿Es algo que hicieron involuntariamente lo que hizo que esta afección se desarrollara con el tiempo? ¿Existen ciertos factores de riesgo que puedan aumentar la posibilidad de que sufra su primer episodio grave del estado de ánimo?

Las causas

Aún se desconoce la causa exacta de lo que hace que una persona padezca una enfermedad mental, como el trastorno bipolar, y no otra. Los médicos creen que pueden ser varios factores combinados los que hacen que una persona desarrolle un trastorno bipolar. Algunos de estos factores podrían ser componentes biológicos, predisposición genética o causas ambientales.

¿Podría ser biológico?

Un componente biológico podría ser la causa de que alguien tenga más probabilidades de ser bipolar que otro. El cableado defectuoso de un cerebro y los niveles más bajos de sustancias químicas transmitidas por todo el cerebro pueden hacer que sea incapaz de regular sus fluctuaciones de humor. Estas sustancias químicas se conocen comúnmente como neurotransmisores, y están compuestas por noradrenalina, dopamina y serotonina. Tras estudiar la diferencia del cerebro de una persona con trastorno bipolar y otra sin él, los médicos llegaron a la conclusión de que el desequilibrio de estas sustancias químicas causaba una disfunción dentro del cerebro.

Los médicos también se dieron cuenta de lo que le ocurre al cerebro si el trastorno bipolar no se trata. Cuanto más tiempo pasa una persona con trastorno bipolar sin tratamiento, más daño sufre su cerebro con cada episodio del estado de ánimo. Cada episodio maníaco y depresivo por el que pasa una persona sin tratamiento puede causar problemas a largo plazo en su memoria, su capacidad de atención, su capacidad para conectarse con el mundo exterior, su capacidad para resolver problemas y la velocidad de procesamiento que le permite absorber y comprender información nueva. Los resultados de estas deficiencias a largo plazo causan más estrés en el cerebro y el cuerpo, y hacen que los episodios del estado de ánimo duren más, sean más graves y ocurran con más frecuencia.

¿Podría ser la genética?

Estar predispuesto a padecer una enfermedad mental grave como el trastorno bipolar parece muy probable. Se sabe que el trastorno se transmite de generación en generación entre los miembros de una familia. Es frecuente que varios parientes de primer grado de una misma familia padezcan trastorno bipolar. Tampoco es raro ver a un par de gemelos con trastorno bipolar. Si a uno de ellos se le ha diagnosticado trastorno bipolar, la probabilidad de que el otro gemelo lo padezca aumenta significativamente.

¿Podría ser medioambiental o una combinación de los tres?

Aunque alguien esté genéticamente predispuesto o tenga los componentes biológicos para desarrollar un trastorno bipolar, eso no significa necesariamente que vaya a padecerlo. Sin embargo, con la combinación adecuada de genética, deficiencias biológicas y factores estresantes del entorno, podría producirse una tormenta perfecta para un episodio grave del estado de ánimo.

¿Qué factores de riesgo pueden ser el primer paso hacia un episodio de mal humor?

Por supuesto, tener un pariente consanguíneo de primer grado que padezca bipolaridad es un factor de riesgo importante. Sin embargo, lidiar con altos niveles de estrés que provocan emociones difíciles de regular puede empujar a alguien hacia un episodio grave del estado de ánimo. Los periodos de estrés elevado, a veces causados por un acontecimiento traumático o la muerte de un familiar o amigo cercano, pueden llevar a alguien al límite. El consumo de drogas y alcohol también aumenta aún más la posibilidad de sufrir un episodio maníaco o depresivo. Aunque los médicos no saben exactamente cuál es la causa del trastorno bipolar, conociendo los antecedentes médicos familiares y controlando los niveles de estrés, se puede prestar mucha atención a cualquier señal de alarma o síntoma que pueda surgir.

CAPÍTULO 6: ¿CÓMO SE TRATA NORMALMENTE EL TRASTORNO BIPOLAR?

Tras un diagnóstico adecuado del trastorno bipolar, se pondrá en marcha un plan de tratamiento. Hay muchas partes móviles en un plan de tratamiento. Hay algunas que requieren la ayuda de profesionales médicos y otras que requieren que usted haga el trabajo por su cuenta. Estar totalmente comprometido con tu recuperación no significa que vaya a ser automáticamente una solución rápida. A veces habrá que reajustar los medicamentos o cambiarlos por otros debido a los efectos secundarios. A veces, la terapia puede empezar a hacerte sentir peor antes de que empieces a sentirte mejor, pero seguir el tratamiento es un compromiso de por vida, aunque a veces sea duro.

Es de suma importancia iniciar el tratamiento lo antes posible, ya que sus síntomas sólo empeorarán cuanto más tiempo pase sin tratarlos. Esperar a mejorar por su cuenta es peligroso y puede tener graves consecuencias para su salud, sus relaciones y su rendimiento laboral o escolar.

Psicoterapia

Existen múltiples tipos de psicoterapia que se utilizan dentro de un plan de tratamiento para el trastorno bipolar. Cada tipo de terapia se centra en diferentes aspectos de cómo manejar los síntomas y cómo afectan a su vida diaria. Ser capaz de expresar cómo se siente y qué hacer con esas emociones puede reducir eficazmente su nivel de estrés y garantizar su progreso hacia la recuperación.

Terapia cognitivo-conductual

La terapia cognitivo-conductual (TCC) se utiliza para cambiar sus patrones de pensamiento y comportamiento negativos por otros positivos. Le enseñará a identificar y utilizar estrategias de afrontamiento para hacer frente a los patrones de pensamiento y comportamiento negativos. Tras identificar los patrones y utilizar las estrategias de afrontamiento, podrá romperlos y sustituirlos por otros nuevos y positivos. En un estudio, las personas que participaron en sesiones de TCC de más de 90 minutos de duración mostraron una gran mejoría en la regulación de su estado de ánimo y en la ruptura de patrones de comportamiento destructivos.

Terapia centrada en la familia

La terapia centrada en la familia no siempre gira en torno a la familia, como su nombre indica. Más bien, este tipo de terapia se utiliza como recurso educativo que la persona y sus seres queridos pueden utilizar para informarse sobre la enfermedad mental y poner en marcha un plan de tratamiento. Aunque el terapeuta se centrará en el paciente que padece trastorno bipolar y en los síntomas que presenta, también agradecerá las aportaciones de los familiares o amigos íntimos que el paciente pueda pasar por alto o que tema decir en voz alta. Educarse a sí mismo y a los miembros de su familia sobre la complejidad del trastorno bipolar y sus síntomas crea una mayor probabilidad de éxito en el tratamiento y la recuperación.

Terapia electroconvulsiva

La terapia electroconvulsiva (TEC), o terapia de electrochoque, es un tipo de tratamiento que se utiliza muy raramente. Se ha utilizado como tratamiento a corto plazo para las personas con trastorno bipolar que son extremadamente suicidas o que están experimentando un episodio maníaco completo. El uso de la TEC no es sólo para alguien que está teniendo un episodio maníaco completo, sino más bien para alguien que no ha mostrado ninguna respuesta a una serie de tratamientos. Los pacientes que requieren TEC no han mostrado ningún progreso con la medicación para tratar los síntomas de su episodio maníaco o depresivo mayor, o los síntomas se han vuelto tan peligrosos para ellos mismos y para los demás que no pueden esperar hasta que la medicación haga pleno efecto.

Medicamentos utilizados durante el tratamiento

Junto con la psicoterapia, el plan de tratamiento puede incluir un tipo específico de medicación o una combinación de varias. Estos medicamentos se dividen en tres categorías: estabilizadores del estado de ánimo, antipsicóticos y antidepresivos. La medicación o combinación de medicaciones que se añaden a su régimen diario se eligen por los efectos que tienen en la disminución de la gravedad de sus síntomas. También se tendrán en cuenta los efectos secundarios, y es posible que haya que cambiar la medicación varias veces antes de que usted y su médico encuentren la combinación que mejor le funciona.

Estabilizadores del estado de ánimo

La finalidad de un estabilizador del estado de ánimo durante el tratamiento del trastorno bipolar es tratar y prevenir los episodios maníacos y depresivos que la persona padece con frecuencia. Hace exactamente lo que su nombre indica: estabilizar y regular el estado de ánimo. Los medicamentos, como el litio, se utilizan para tratar el trastorno bipolar y los episodios del estado de ánimo con el fin de prevenir una recaída de los síntomas. También se ha demostrado que el litio reduce el riesgo de suicidio en personas con trastorno bipolar.

Algunos medicamentos se utilizan solos o en combinación con otros para tratar episodios difíciles del estado de ánimo. El estabilizador del estado de ánimo, Carbamazepina, se utiliza a menudo para tratar los síntomas extremos de manía que se producen normalmente durante el proceso de ciclos rápidos. La lamotrigina se utiliza para tratar todos los síntomas bipolares de tipo uno, pero se emplea más específicamente para tratar a las personas que presentan síntomas de depresión bipolar.

Antipsicóticos

El uso de antipsicóticos para tratar los síntomas y episodios maníacos y depresivos puede ser a largo o corto plazo, dependiendo de la gravedad y frecuencia con que la persona presente estos síntomas. Pueden utilizarse a corto plazo para tratar y controlar los síntomas maníacos, o a largo plazo para las personas que no responden a otros estabilizadores del estado de ánimo. Como indica el término "antipsicótico", la finalidad de esta medicación es tratar los síntomas psicóticos que se suelen experimentar durante un episodio maníaco, depresivo o mixto. Se ha demostrado que algunos antipsicóticos estabilizan el estado de ánimo y actúan como sedantes en personas con insomnio o altos niveles de agitación.

También tienen la finalidad de regular la función cerebral en lo que respecta a la resolución de problemas, el pensamiento claro y perceptivo y la atención a los detalles. Los antipsicóticos actúan rápidamente en el organismo para regular los patrones de pensamiento positivo y detener los comportamientos destructivos atribuidos a los episodios maníacos. Sin embargo, los beneficios del uso de antipsicóticos no están exentos de efectos secundarios no deseados. Algunos de estos medicamentos provocan aumento de peso y de apetito y colesterol, mientras que otros pueden causar temblores musculares y somnolencia. Los efectos secundarios de los distintos medicamentos varían de una persona a otra, por lo que si los efectos secundarios se vuelven intolerables asegúrese de ponerse en contacto con su médico para ver si un medicamento diferente puede beneficiarle sin los efectos secundarios.

Antidepresivos

Los antidepresivos son una medicación opcional que se utiliza para tratar la depresión que a menudo se experimenta con el trastorno bipolar. A veces, los estabilizadores del estado de ánimo que se prescriben para ayudar específicamente con la depresión bipolar no son suficientes, y un antidepresivo debe ser prescrito también. Sin embargo, los antidepresivos se recetan con precaución a las personas con trastorno bipolar de tipo uno, ya que pueden provocar un episodio maníaco. Tu médico será muy cauto al recetarte antidepresivos y te dará instrucciones estrictas para que le llames inmediatamente si empieza a aparecer algún síntoma maníaco o psicótico después de empezar a tomar la medicación.

La importancia de la medicación

La medicación es una parte muy importante de su plan de tratamiento, y utilizarla según lo prescrito es la única forma de que le ayude a sentirse mejor. Muchas personas intentan dejar de tomar la medicación cuando empiezan a sentirse mejor y se dicen a sí mismas que ya no necesitan ayuda o que pueden arreglárselas solas. Dejar la medicación sin supervisión médica suele ser extremadamente peligroso y hace que los síntomas reaparezcan y empeoren. Dejar la medicación de golpe puede provocar síntomas de abstinencia que te harán sentir físicamente enfermo y mentalmente inestable.

CAPÍTULO 7: TRATAMIENTOS ALTERNATIVOS PARA CONTROLAR LOS SÍNTOMAS

Mientras se tratan los síntomas del trastorno bipolar desde el punto de vista médico, también existen algunos tratamientos alternativos que pueden utilizarse en casa y en la vida cotidiana para controlar los síntomas. Estos tratamientos no deben utilizarse para sustituir al tratamiento médico, sino para llevar su recuperación más lejos con la esperanza de prevenir una recaída. El trastorno bipolar es una enfermedad grave que dura toda la vida, como ya se ha comentado, y cuyo tratamiento es complejo debido a la necesidad de tratar dos tipos diferentes de síntomas. Estos tratamientos alternativos se pueden utilizar junto con su tratamiento médico prescrito profesionalmente para reducir aún más y prevenir los síntomas atribuidos a la manía y la depresión.

Vitaminas para promover el bienestar general

Tomar la medicación y participar en la terapia son esenciales para una recuperación satisfactoria y la prevención de recaídas, pero también lo es ser un defensor de su propia salud y poner de su parte para que el tratamiento funcione. Puede que tomar vitaminas no sea un tratamiento que salve vidas, pero son una forma alternativa de aliviar los síntomas que se agravan con la manía y la depresión.

Aceites de pescado omega-3

El aceite de pescado omega-3 se ha utilizado comúnmente para apoyar la salud del corazón y la prevención de la artritis, especialmente en personas mayores. Puede encontrarse en el bacalao, el salmón, el atún y otros tipos de pescado, o puede tomarse como suplemento diario en forma de pastillas o gominolas. Sin embargo, el aceite de pescado hace mucho más que ayudar al corazón y reducir la inflamación causada por la artritis. En el caso de las personas con trastorno bipolar, puede ayudar a estabilizar el estado de ánimo y a concentrarse y pensar con claridad. El aceite de pescado también puede disminuir la gravedad de los síntomas de la depresión y reducir la duración de los episodios depresivos.

Vitaminas B1 y B12

Hay tantos tipos diferentes de vitamina B que es casi imposible saber qué tipo tiene qué beneficios. Para las personas con trastorno bipolar, las mejores vitaminas B son la B1 y la B12. La vitamina B1 ayuda a aliviar los sentimientos de ansiedad e irritabilidad que suelen acompañar al trastorno bipolar, especialmente en aquellos casos en los que se diagnostica la comorbilidad de un trastorno de ansiedad.

Las personas que tienen una deficiencia de B12 en sus sistemas pueden tener más problemas que otras con sus niveles de energía, regulación del estado de ánimo y episodios maníacos y depresivos más graves. Mientras que una dieta equilibrada puede corregir su deficiencia, un suplemento añadido también puede aportar un impulso de energía muy necesario para ayudarle a pasar el día mientras mantiene su estado de ánimo más estabilizado.

Magnesio

Las personas bipolares también suelen tener deficiencia de una vitamina llamada magnesio. Esta deficiencia puede causar más ansiedad, irritabilidad e insomnio durante un episodio maníaco. El magnesio también se utiliza para tratar los tics inducidos por la ansiedad al relajar el cuerpo y sus nervios. Esta vitamina puede absorberse en el organismo con una comida equilibrada y tomando un suplemento diario.

Suplementos y vitaminas que deben evitarse

No todas las vitaminas son iguales, especialmente cuando se trata de ciertos síntomas bipolares. Lo último que se desea es empeorar los síntomas cuando se intenta aliviarlos. Se ha demostrado que el suplemento ginkgo biloba mejora enormemente la memoria a corto plazo y la concentración, pero también puede hacer que ciertos medicamentos bipolares sean ineficaces. Hacer que su medicación sea ineficaz sólo va a perjudicar su progreso y podría resultar en una recaída de sus síntomas.

El suplemento Hierba de San Juan puede hacer maravillas en personas que toman antidepresivos para combatir los síntomas de la depresión, pero debe utilizarse con extrema precaución en personas con trastorno bipolar. Del mismo modo que el médico debe extremar las precauciones cuando añade un antidepresivo a un régimen de medicación bipolar, el uso de este suplemento podría provocar un episodio maníaco completo.

Meditación

La meditación se ha practicado durante siglos para obtener los beneficios de la atención plena y la relajación de todo el cuerpo. El uso de la respiración profunda y las afirmaciones positivas para reducir la ansiedad y cambiar los patrones de pensamiento negativo ha resultado útil para millones de personas en todo el mundo. Todos estos beneficios son estupendos, pero ¿cómo puede ayudar a una persona con trastorno bipolar relajar el cuerpo y decir cosas buenas sobre sí misma? Los investigadores han realizado muchos estudios y, aunque los estudios no se centraban en todos los síntomas del trastorno bipolar, se ha demostrado que la meditación y la atención plena causan una gran mejoría en los síntomas de ansiedad y depresión de muchas personas. Ser capaz de sentarse quieto y pensar positivamente sobre uno mismo durante un episodio depresivo parece que no es tarea fácil, pero enseñar al cuerpo a relajarse y vivir el presente puede resolver los sentimientos de desesperanza. Centrar tu atención en la respiración y en las sensaciones físicas de relajación de tu cuerpo puede soltar las riendas de la culpa cotidiana que te atormenta constantemente. Conseguir la capacidad de relajar tu cuerpo sobreestimulado y tenso puede conjurar la sensación de paz interna dentro de tu cerebro, en lugar del caos eterno al que te has acostumbrado.

La meditación no es una solución rápida para una persona con trastorno bipolar, ni tampoco para alguien que no lo padezca. Introducir la práctica de la atención plena en tu horario diario te enseñará a relajar tus impulsos naturales de estar constantemente corriendo. Enseñar a tu cuerpo que es capaz de sentirse mental y físicamente relajado y menos ansioso puede mejorar tu calidad de sueño, a la vez que disminuye la frecuencia y gravedad del insomnio. Los beneficios se producen con el tiempo, al igual que ocurre con el tratamiento médico. La clave es ser paciente y comprometerse a mejorar.

¿Por qué es buena la meditación para aliviar los síntomas?

La razón por la que la meditación es un tratamiento alternativo tan bueno para ayudar a aliviar los síntomas son los cuatro componentes principales de la meditación: entorno, postura, atención y actitud. El entorno necesario para que la meditación tenga éxito debe ser un lugar tranquilo donde la persona pueda estar tranquila. Las personas con trastorno bipolar tienen dificultades para concentrarse en la tarea que tienen por delante si hay distracciones a su alrededor, por lo que eliminar todas las distracciones elimina el estrés de que su atención se dirija en otra dirección.

Las posturas necesarias para la meditación no son de restricción, sino de comodidad. El trastorno bipolar puede dificultar el estar cómodo y sentir siempre la necesidad de moverse para sentir esa sensación. Centrarse en lo que te hace sentir cómodo y en lo que te ayuda a relajar el cuerpo puede ayudar a calmar la sensación de inquietud de necesitar levantarte y moverte.

Durante la meditación, la atención se centra en la respiración. Puede que al principio tu mente divague, pero con el tiempo aprenderás a detener la intrusión y a volver a centrarte en la respiración. Ser capaz de detener tus pensamientos acelerados y centrar tu atención en el punto en el que debes centrarte le dice a tu cerebro que tienes el control y, con el tiempo, tú y tu mente empezaréis a creerlo. Recordarás que tienes el poder sobre tus pensamientos cuando los patrones de pensamiento negativo asomen su fea cabeza en tu dirección. Aprenderás a gestionar tus pensamientos y emociones negativas y a utilizar esa energía para ser productivo y positivo. Centrarte en tus emociones y en tus afirmaciones positivas durante una meditación pacífica lleva tu atención al presente, en lugar de a las ansiedades del futuro o a las consecuencias del pasado.

El último componente de la meditación consciente es la actitud. Lidiar con un cerebro plagado de pensamientos negativos sobre tu vida y sobre ti mismo puede ser una verdadera sangría para tus emociones y tu actitud. Ya es bastante duro escuchar a otra persona reprendiéndote a diario, pero cuando son tus propios pensamientos los que lo hacen, ¿cómo puedes esperar tener una actitud optimista? Decirte a ti mismo cosas positivas y crear un sentimiento de apertura y aceptación de tu estado puede mejorar tu actitud. Dar a tus emociones y sentimientos negativos un lugar donde ser aceptados sin juzgarte crea un espacio abierto en el que ya no necesitas avergonzarte de ser tú mismo y de tener defectos.

Meditación para principiantes

El primer paso para aprender a meditar es encontrar un lugar tranquilo. Hay lugares donde se practica la meditación en grupo, como centros de yoga o clubes deportivos, o puedes practicar en tu propia casa. Si prefieres unirte a una meditación en grupo, tu equipo de tratamiento podría darte una lista de centros que tengan sesiones programadas. También hay muchas aplicaciones para el teléfono que ofrecen meditaciones guiadas para disfrutar en la comodidad del dormitorio o el salón, dondequiera que elijas estar tranquilo. Algunas personas disfrutan construyendo su propio lugar confortable en un rincón de su casa. Llenan su pequeño espacio con cómodas mantas, almohadas, máquinas de sonido y aceites esenciales que les relajan. Cualquier cosa que te haga sentir más relajado y capaz de seguir adelante sin ser interrumpido durante unos 10 o 15 minutos es perfecta para meditar con éxito. Pon el teléfono en silencio, apaga la televisión y permítete estar presente sin distracciones. No es necesario que hagas un gran alboroto o una representación teatral de tu ubicación. Simplemente busca un sillón reclinable o una cama que te permita relajarte. Si te encuentras demasiado cansado mientras meditas en la cama, la próxima vez elige un lugar diferente que te permita sentarte. Pon las manos cómodamente sobre el regazo y respira hondo antes de empezar.

En cuanto a la comodidad, asegúrate de llevar ropa ligera y que no te apriete. No hace falta que te compres ropa especial, basta con un pantalón de chándal y una camiseta extragrande. Si meditas durante la hora de comer en el trabajo, puedes quitarte los zapatos y aflojarte el cinturón o la corbata. Es difícil concentrarse en la relajación y la respiración profunda cuando uno se siente restringido e incómodo.

El segundo paso es decidir en qué piensas trabajar ese día. ¿Sus pensamientos negativos le hacen sentirse más deprimido? ¿Tienes más problemas de lo normal para concentrarte en la tarea que tienes delante? Saber cuáles son tus intenciones antes de meditar puede orientarte en la dirección correcta sobre qué mantras y afirmaciones positivas utilizar.

A continuación, cierra los ojos y sigue los pasos de la meditación guiada. Puede empezar concentrándose en la respiración o en relajar los músculos. Los principiantes pueden esperar que sus pensamientos divaguen. Sólo tienes que acordarte de pulsar el botón de pausa en esos pensamientos fugaces y volver a centrarte en la respiración. No te preocupes por hacerlo mal o por ser incapaz de permanecer sentado durante mucho tiempo. Si practicas todos los días, progresarás rápidamente.

Una técnica sencilla para empezar a relajarse es la exploración corporal. Cierra los ojos y escanea lentamente todo tu cuerpo, empezando por la frente y terminando en la punta de los pies. Concéntrate en las partes del cuerpo que sientas más tensas que otras y visualízalas relajándose. El objetivo del escáner corporal es traer tus pensamientos al presente y darte cuenta de cómo el estrés está afectando a tu cuerpo.

Empieza a concentrarte aún más en tu respiración. Presta atención a cómo se siente tu cuerpo cuando respira y tus pulmones se llenan de aire, y luego a la sensación de expulsar ese aire. Centra tu atención en la sensación física de cómo se sienten tus pulmones durante esa pausa entre respiraciones. Tu cuerpo sabe cómo respirar automáticamente sin que tengas que recordárselo constantemente, así que no intentes controlar cómo respiras y permítete prestar atención al ritmo natural.

Una vez que estés relajado, empieza a decir tus afirmaciones positivas o mantras específicos para tus intenciones. La razón por la que utilizas mantras y afirmaciones durante la meditación es para conectarte con tu intención principal y con lo que quieres cambiar, de modo que puedas llevar ese pensamiento e intención positivos a lo largo del día. Los mantras, como "Yo controlo mis emociones, ellas no me controlan a mí" o "Soy más fuerte que mi depresión", te conectan con lo que sientes y con lo que quieres que sea verdad. Cuanto más los repitas a lo largo del día en momentos de emociones incómodas, más empezarás a creértelos.

Cuando hayas meditado entre 10 y 15 minutos, levántate y empieza el día con una nueva sensación de propósito y conexión con el mundo que te rodea. Cuando empieces a sentirte estresado a lo largo del día, repite tus mantras y respira hondo unas cuantas veces. El resto del mundo puede esperar mientras ordenas tus pensamientos.

Diferentes tipos de terapia

Terapia de luz

Una persona con trastorno bipolar puede tener muchas dificultades para mantener un horario de sueño constante. Pueden dormir demasiado durante un episodio depresivo y no dormir nada durante un episodio maníaco. La inconsistencia de la cantidad y la calidad del sueño que reciben puede tener un impacto en su reloj biológico. El reloj interno que normalmente indicaría a alguien que es hora de irse a dormir y cuándo es hora de despertarse se ha vuelto loco, y no puede distinguir entre las señales del cuerpo. La fototerapia se diseñó para reajustar este reloj interno mediante la exposición programada a la luz y la oscuridad durante un tiempo prolongado. Este reajuste maestro del reloj biológico de la persona fuerza un cambio en su horario de sueño para que pueda tener un sueño de calidad cada noche; en consecuencia, disminuye la cantidad de estrés en su cuerpo y mejora la gestión de sus síntomas bipolares.

Terapia del ritmo interpersonal y social

El objetivo principal de la terapia del ritmo interpersonal y social es enseñarle a mantener un horario regular. Esto incluye crear un horario coherente de cuándo comer, dormir, hacer ejercicio, ir a trabajar, meditar, etc. Hacer y mantener un horario predecible reduce el estrés y mejora el funcionamiento diario de los hábitos que el trastorno bipolar tiende a alterar.

Un horario de sueño consiste en tu rutina nocturna de lo que haces antes de irte a dormir. Quizá comas un pequeño tentempié a las ocho de la tarde, te duches 15 minutos después y estés en la cama a las nueve para poder levantarte a las siete de la mañana y prepararte para ir a trabajar. Puede que tu cuerpo se resista al principio, pero seguir tu horario día tras día te dará una sensación de estabilidad.

Establecer un horario y un plan de comidas elimina todas las conjeturas sobre qué comer y cuándo. Saber a qué hora hay que comer y tener la comida preparada y lista para llevar hace que el día sea más llevadero. Tener una comida preparada con varios días de antelación hace que sea más fácil comer alimentos equilibrados llenos de nutrientes y vitaminas, en lugar de ir al autoservicio o darte un atracón de lo que encuentres en la cocina.

Añadir ejercicio a su programa diario tiene muchos beneficios. Mantenerse activo reduce las probabilidades de padecer sobrepeso y diabetes de tipo 2, que puede ser el resultado de un aumento del apetito debido a la medicación. El ejercicio fomenta un estado de ánimo equilibrado al quemar el exceso de energía y la irritabilidad de un episodio maníaco, o al aumentar los niveles de serotonina cuando se siente deprimido.

Una rutina estable y equilibrada puede hacer que su vida parezca mundana y previsible, pero la previsibilidad ayuda a controlar y reducir sus niveles de estrés. Cuanto más bajos sean los niveles de estrés, mayor será la capacidad de controlar los síntomas para prevenir un episodio del estado de ánimo. Trabajar intencionadamente en lo que puede controlar para prevenir un episodio maníaco o depresivo puede que no detenga todos los síntomas, pero hará que sean menos graves y que la vida sea más fácil de llevar.

Terapia de desensibilización y reprocesamiento por movimientos oculares

Los pacientes bipolares con antecedentes traumáticos pueden encontrar que la terapia de desensibilización y reprocesamiento por movimientos oculares, o EMDR, es muy beneficiosa para su recuperación. EMDR es un programa terapéutico supervisado que es hábilmente practicado por terapeutas entrenados y licenciados. La terapia es específica de cómo el uso de los movimientos oculares estimulan el cerebro cuando se enfrentan a los factores desencadenantes y las emociones negativas vinculadas a los recuerdos traumáticos. Esta terapia se realiza para desensibilizar a la persona y reprocesar el desencadenante o el recuerdo de una forma nueva y positiva. Se diferencia de la terapia de conversación tradicional, en la que se le pide que hable de sus sentimientos y emociones negativas, en que toma esos sentimientos y los sustituye por otros positivos.

La EMDR requiere que el paciente centre sus ojos en un estímulo externo en movimiento, como el dedo del terapeuta, mientras repasan el recuerdo y los sentimientos negativos que lo rodean. La concentración en el estímulo mientras se recuerda un acontecimiento concreto hace que se estimulen ambos lados del cerebro. Una vez estimulado el cerebro, el terapeuta puede tomar el sentimiento negativo y el desencadenante identificados y sustituirlos por uno nuevo, cambiando así cómo te sientes cuando recuerdas ese acontecimiento.

CAPÍTULO 8: CÓMO AYUDAR A LOS SERES QUERIDOS CON TRASTORNO BIPOLAR

Tal vez no sea usted quien esté librando una batalla interminable contra esta enfermedad mental. Tal vez sea su padre, su madre, su cónyuge, su hermano o su hijo. Ver a un ser querido luchar por comprender la realidad de la situación y negarse a recibir ayuda puede ser desgarrador. Tratar de ser el hombro sobre el que llorar mientras soportas el peso del mundo a tus espaldas puede ser alucinante y confuso. Los familiares suelen ser los que tienen que lidiar con las consecuencias de las acciones destructivas de su ser querido durante un episodio maníaco. También son los que tienen que hacerse cargo cuando su cónyuge, hijo, padre, hermano o hermana está demasiado agotado para completar sus tareas durante un episodio depresivo. Sin embargo, hagan lo que hagan o actúen como actúen, su amor por ellos es incondicional. Dedicar un poco de tiempo de tu día a recordar a tu ser querido que le apoyas y que apoyas sus esfuerzos por mejorar, puede hacer que un día duro sea un poco más llevadero.

Infórmese sobre la enfermedad

Dedicar tiempo a aprender toda la información que pueda sobre el trastorno bipolar puede cambiar su perspectiva sobre por qué su ser querido actúa así. Esta valiosa información y la investigación pueden hacer que usted esté mejor preparado para hacer frente a los altibajos extremos. Ayudarles a encontrar médicos y terapeutas certificados puede garantizar que reciban la mejor ayuda disponible. Si están pasando por un momento difícil y se resisten a llamar para concertar una cita, podrías concertar la cita e ir con ellos. El mero hecho de acudir es una forma de demostrarles que les apoyas en este proceso y que les quieres, aunque en ese momento no se muestren muy cariñosos.

Acompañarles a sus citas puede darles la oportunidad de informar mejor a su médico o terapeuta sobre su evolución. Las personas con trastorno bipolar tienden a ser olvidadizas o no se dan cuenta del empeoramiento de sus síntomas, por lo que el médico puede depender de sus seres queridos para llenar los espacios en blanco. Tu ser querido puede tener miedo de que sus comportamientos y pensamientos puedan tener consecuencias y no se sienta seguro contándole esa información a su terapeuta. Contar con tu apoyo emocional puede darle la fuerza necesaria para contárselo todo al médico y obtener la ayuda necesaria.

Controle su estado de ánimo y siga sus progresos

Vigilar el estado de ánimo de sus seres queridos y cualquier cambio que observe puede aportarle muchas ventajas. Puede saber cuándo se está acercando un episodio maníaco y prepararse a sí mismo y a su familia. Con el tiempo, podrá saber si están mostrando los signos de un episodio maníaco o depresivo completo, o si sólo están de mal humor por un día duro. Si un día duro se convierte en una semana dura, puedes estar más atento a otros signos. El objetivo es adelantarse al episodio de mal humor y averiguar qué está causando el estrés añadido en su vida. Cuanto más se adelante al problema, más probabilidades tendrá de tomar medidas para ayudar a su ser querido a prevenir la manía o la depresión, o al menos a reducir su duración y gravedad.

Hacer un seguimiento de sus progresos también incluye controlar sus recaídas. Si sabe cuánto ha avanzado su ser querido desde que empezó el tratamiento, sabrá cuándo está empezando a retroceder. Las recaídas son normales y es normal que se produzcan, pero cuando empiecen a aparecer, puede que sea el momento de alertar al médico. Si la recaída es evidente en su presencia, es probable que su ser querido haya estado recayendo en secreto durante algún tiempo y tuviera demasiado miedo como para decir nada. Puede que no se haya dado cuenta de que sus síntomas se le han ido de las manos porque estos cambios de humor, grandes y pequeños, son normales en su ser querido.

Conozca sus medicamentos y posibles efectos secundarios

Es muy importante que conozca los medicamentos que toma su ser querido y para qué sirve cada uno. A veces no saben para qué sirve cada uno o qué trata, sólo saben que el médico dijo que lo tomaran para sentirse mejor. Saber qué medicamentos toman y qué interacciones farmacológicas hay que evitar puede salvarles la vida. Si su ser querido sufre una crisis y llaman a una ambulancia, puede informar a los paramédicos de la medicación que está tomando.

Informarse sobre los posibles efectos secundarios de cada medicamento puede ahorrarle a su ser querido y a su familia muchas penas y problemas en el futuro. Algunos medicamentos pueden provocar un episodio maníaco grave o empeorar las alucinaciones. Algunos medicamentos pueden hacer que se sientan extremadamente fatigados e incapaces de mantener los ojos abiertos, o aumentar tanto su apetito que no puedan parar de comer. Otros medicamentos tienden a hacer que tu ser querido tenga ideaciones suicidas y pensamientos intrusivos aterradores. Saber qué hay que tener en cuenta en los primeros meses de un régimen de medicación significa adelantarse a cualquier efecto secundario negativo.

Normalmente, los médicos sólo empiezan o ajustan una medicación cada vez, de modo que si se producen efectos secundarios intolerables, pueden descifrar la ca usa.

Anímele a tomar su medicación

Hacer hincapié en la importancia de tomar la medicación puede ayudarles a recordar que la necesitan para seguir con sus funciones y progresos diarios. Las personas que están siendo tratadas con medicación para su trastorno bipolar empezarán a sentirse mejor y pensarán que la medicación ha hecho su trabajo, por lo tanto, ya no necesitan tomar su medicación. Si sienten que la medicación no está funcionando, su ser querido puede no ver ningún sentido en continuar su tratamiento. Puede que no tolere los efectos secundarios de la medicación, que aumente de peso demasiado deprisa o que esté demasiado cansado para aguantar todo el día. Prefieren dejar de tomar la medicación antes que ponerse en contacto con su médico para que les cambie la dosis o les cambie a una nueva pauta de medicación. Recordarle a su ser querido que su medicación es importante y llamar a su médico si es necesario recalibrarla le demuestra que usted se preocupa por su recuperación y su éxito futuro.

Reconocer los primeros síntomas

Pero, ¿qué hacer antes de que diagnostiquen a su padre, madre, cónyuge o hijo? ¿Y si empiezan a comportarse de forma extraña, como nunca antes? Tal vez su madre empiece a dormir durante largos periodos de tiempo o deje de dormir por completo, y a menudo la encuentre limpiando a fondo toda la casa a las 3 de la madrugada. O se da cuenta de que su marido habla mucho más de lo que solía, y lo hace tan deprisa que parece que tiene que decir toda la frase antes de que se le olvide lo que iba a decir. Su humor se ha vuelto sombrío y prefiere sentarse en su habitación con las luces apagadas que pasar tiempo de calidad con la familia. Tal vez su hijo prefiera recluirse en vez de pasar tiempo con sus amigos en el centro comercial o en el parque. O su hermano o hermana está más lloroso de lo normal y llora si le hace una simple pregunta o le mira de cierta manera.

Reconocer los primeros signos de un episodio del estado de ánimo cuando su ser querido ya está diagnosticado hace que los pasos para prevenir comportamientos destructivos sean más probables, pero ser consciente de los primeros síntomas incluso antes del diagnóstico puede ayudarle a conseguir la ayuda que su ser querido necesita. Encontrar tratamiento lo antes posible puede ahorrarle a él y a su familia muchos disgustos y salvar la cordura de todos. Nadie quiere ver a su familiar luchando por llevar una vida plena, y reconocer los signos e investigar por qué actúa así puede ser el primer paso para conseguir el tratamiento médico que necesita desesperadamente.

Comuníquese con ellos

La comunicación sana es una cualidad vital en cualquier tipo de relación. Sin embargo, puede resultar difícil mantener una conversación con alguien que se encuentra en plena manía o depresión grave. Carecen de la capacidad de comprender lo que les estás diciendo o de entender por qué te preocupas tanto por cómo se sienten. Incluso cuando tenga las mejores intenciones, puede obtener una gran resistencia por parte de su familiar y, posiblemente, que le cierren la puerta en las narices.

El mejor momento para hablar con ellos es cuando notes que su lenguaje corporal muestra que están abiertos y tranquilos. Si están llorando histéricamente o se niegan a responderte con los brazos cruzados sobre el cuerpo, puede que no sea el mejor momento para hablar. Espera a que parezcan relajados y entonces procede a hablar con ellos con calma. Explica a tus seres queridos las señales que observas y pregúntales si se encuentran bien o si quieren hablar de ello. Si se muestran abiertos y dispuestos a hablar de sus síntomas, puedes comentarles los pasos que deben dar para obtener ayuda y no volver a sentirse así. Cuanto antes reciba ayuda, mejor será su evolución. Si esperas a que mejore por sí solo, los síntomas sólo empeorarán, durarán más y serán más destructivos.

No se sorprenda si se muestran reacios o se niegan a buscar tratamiento médico. Es posible que su ser querido le diga que no le pasa nada y que se siente de maravilla, lo cual es una sensación habitual durante un episodio maníaco. Pueden decir que el tratamiento es demasiado trabajo y que están demasiado agotados para pensar siquiera en buscar ayuda ahora mismo si se encuentran en un episodio de estado de ánimo depresivo. Su familiar podría incluso sentir miedo de buscar ayuda. ¿Y si dice algo equivocado o está tan loco que lo encierran en un psiquiátrico, lejos de su familia y amigos? ¿Pensará el terapeuta que está fingiendo sus síntomas porque le gusta llamar la atención? ¿Y si actúan así porque quieren que la gente se sienta mal por ellos? Recordarles que sus miedos y sentimientos son válidos hará que se sientan escuchados.

Hágales saber que aunque usted no pueda ver físicamente su enfermedad o afección, no por ello es menos grave que una afección que ellos puedan ver en el espejo. El hecho de que tu familiar no entienda este concepto ahora mismo no significa que un día, en un futuro próximo, no lo entienda y comprenda por fin por qué es importante cuidar de su salud mental.

Ofrecer apoyo emocional

Iniciar una conversación saludable con su familiar sobre sus síntomas y la búsqueda de tratamiento es el primer paso para construir un gran sistema de apoyo emocional a su alrededor. El trastorno bipolar tiende a hacer que las personas sientan que se han convertido en una carga para sus seres más queridos. Hacer todo lo que esté en su mano para demostrarles que eso está muy lejos de la realidad les recuerda que no están solos y que son muy queridos.

Dedique tiempo a la calidad

Encontrar tiempo para estar con su ser querido puede ser difícil al principio. Las personas con trastorno bipolar suelen sentir la necesidad de aislarse cuando se sienten deprimidas, y se sienten culpables por someter a otras personas a su inmensa tristeza. A veces ni siquiera es necesario hablar con ellos. El simple hecho de sentarte con ellos en el sofá mientras ven su película favorita les demuestra que te importan y hará que se sientan más cómodos con tu presencia. Cuanto más cómodo se sienta tu familiar contigo, más dispuesto estará a hablar contigo cuando esté preparado.

Encuentra otras formas de aumentar su nivel de comodidad contigo. Acompáñale a dar paseos diarios cuando tenga un episodio maníaco para que pueda quemar algo de energía extra. Podrían empezar a hacer yoga juntos, para que ambos puedan beneficiarse de la relajación y la atención plena que proporciona. Intente incorporar poco a poco a su vida sus antiguas actividades favoritas y participe usted también en ellas. No se sorprenda si al principio se muestran reacios a pasar tiempo de calidad con usted, pero no se rinda. Sigue intentándolo y recuérdales siempre que estás disponible cuando quieran pasar tiempo contigo.

Encontrar formas de reducir sus niveles de estrés

Ayude a sus seres queridos a encontrar formas nuevas e innovadoras de reducir su estrés. Un alto nivel de estrés es un componente clave para el comienzo de un episodio del estado de ánimo. Estar ansioso por una cita próxima o disgustado por un acontecimiento traumático puede aumentar su estrés y sus síntomas pueden hacerse más evidentes para las personas que los ven a diario. Encontrar formas más eficaces de reducir su estrés diario puede darles una mejor oportunidad de hacer frente a sus síntomas cuando ocurren acontecimientos más importantes.

Trabajar con su familiar para elaborar un horario diario que sea manejable y alcanzable hace que su día sea más predecible. Puede que le resulte incluso mejor si toda la familia tiene un horario diario. La previsibilidad de un horario rutinario elimina el estrés de no saber qué va a pasar ese día o el resto de la semana. Tener un horario mensual accesible que muestre las citas y los próximos acontecimientos de todos los miembros de la familia les permite ver lo que está ocurriendo y estar preparados para lo que se avecina en el futuro.

Si tienes un momento de la semana en el que siempre estás disponible, podrías ofrecerte voluntario para ayudarles a completar algunas tareas o recados que necesiten hacer. Puede que al principio se muestren reacios porque no quieren hacerte perder el tiempo o parecer una carga, pero con el tiempo lo aceptarán mejor cuando vean que intentas ayudarles. Ofrecerse a ayudarles a limpiar su habitación o a recorrer la ciudad para hacer recados puede darles la compañía que secretamente desean mientras cumplen con sus responsabilidades.

Ayude a su ser querido a encontrar un nuevo pasatiempo relajante y productivo que pueda practicar con él. Encontrar satisfacción en un nuevo interés puede ayudar a mejorar su estado de ánimo y encontrar consuelo cuando participa. Las aficiones, como los paseos por la naturaleza o la pintura, pueden ser salidas estimulantes y creativas para sus emociones incómodas. Podrían tener un talento oculto que desconocían, y encontrar algo que se les da bien puede darles una inyección de autoestima y confianza.

Mantener la calma y contentarse durante los arrebatos emocionales

Ver a un ser querido sufrir un arrebato emocional puede partirte el corazón. Sientes que tienes que gritar por encima de su voz elevada para que pueda oír y entender lo que intentas decirle, como si un ruido más fuerte fuera a calmarle de repente. Puede que en ese momento te parezca una buena idea discutir o rebatir todo lo que están diciendo, pero tus emociones desbordantes están nublando tu juicio y agitándoles aún más. Discutir con alguien durante un arrebato emocional es contraproducente y hace más mal que bien.

Las personas con trastorno bipolar pueden enfadarse cuando se les confronta con su comportamiento o se les pide que busquen un tratamiento adecuado. Gritan, lanzan objetos y amenazan con hacerse daño a sí mismos o a los demás. Quieren que usted reaccione por haberles hecho enfadar tanto. Mantener la calma durante los arrebatos emocionales de su ser querido puede parecer imposible cuando le grita obscenidades o le degrada de todas las formas posibles. Recuerde que el objetivo es conseguir que se calmen y piensen racionalmente para que usted pueda tener una conversación significativa con ellos. Enfadarte o disgustarte y unirte a su arrebato sólo les alejará más de ese objetivo.

Cuando empiecen a levantar la voz y a desahogarse, siéntate y escucha. Reconoce lo que dicen asintiendo con la cabeza y deja que sigan hablando hasta que se hayan desahogado. No respondas a menos que te pidan tu opinión, o puede parecer que estás desafiando sus sentimientos o emociones. Mantener la calma y escucharles despotricar les hará sentirse escuchados y comprendidos. Una vez que se den cuenta de que no vas a aumentar la locura y de que realmente estás escuchando sus quejas, empezarán a calmarse y verán que no hay razón para que sigan con su arrebato. Te sentirás tentado a mostrar tus emociones, pero lucha contra esa tentación y recuérdate a ti mismo que es por su propio bien. Dejar que se desahoguen les permitirá calmarse y, finalmente, escucharte. Cuando por fin se calmen, ambos podréis empezar a trabajar para obtener resultados positivos. Sin embargo, si se vuelve demasiado hostil y no da muestras de calmarse, no temas ni te sientas culpable por llamar a los servicios de emergencia.

Prepárese para comportamientos destructivos

El primer paso hacia cualquier tipo de éxito es la preparación. Prepararse para la destrucción puede no parecer un éxito, pero estar preparado para las repercusiones de los comportamientos destructivos de su ser querido significa que sabrá qué hacer si las cosas se tuercen. Usted decide si incluye a su ser querido en este plan, pero mantenerlo en la oscuridad puede hacer que desconfíe de usted y de otros miembros de la familia. Elabore un plan detallado con todos los miembros de la familia implicados sobre qué hacer si observa que su ser querido empieza a mostrar comportamientos destructivos.

Una vez elaborado el plan detallado, llegue a un acuerdo con la persona mientras piensa de forma clara y racional sobre lo que ocurrirá si sus síntomas empiezan a recrudecerse. Dígale de forma clara y concisa qué hará usted, por ejemplo, que se quedará con sus llaves y sus tarjetas de crédito, o que llamará a su médico en su nombre y le informará de lo que ocurre. Si es aplicable a esta persona, tal vez se haga cargo de las finanzas familiares. La razón por la que quieres que tu familiar piense racionalmente cuando llegues a este acuerdo es porque no quieres que piense que se le está castigando por una enfermedad mental sobre la que no tiene ningún control. Lo haces por su bien, para que no se haga daño a sí mismo ni a nadie en el proceso.

Crear un plan de gestión de crisis

Nadie quiere creer que necesitará un plan en caso de catástrofe, pero estar preparado para una crisis significa que podrá conseguir ayuda para su ser querido de forma rápida y eficaz. Mientras planifica su preparación para los comportamientos destructivos de su ser querido, cree también un plan sobre qué hacer si se encuentra en medio de una crisis. Saber exactamente qué hacer en ese momento puede ayudarle a reaccionar racionalmente en lugar de emocionalmente. Haz una lista de todos los médicos y terapeutas de tu familiar con sus números de teléfono para poder llamarlos en caso de emergencia. Coloque la lista en un lugar visible en todo momento, como la nevera. Lo último que quieres hacer cuando el tiempo apremia es buscar por toda la casa la lista de números de teléfono. Tener la lista visible en todo momento también permite a la persona hacer la llamada ella misma si está sola en casa.

No podemos estar con nuestros seres queridos cada segundo del día, y en algún momento tendrán que salir de casa solos. Hacer una lista de sus médicos, enfermeras, medicamentos y posibles alergias para llevarla en la cartera o en el bolso se convertirá en un valioso recurso si sufren un episodio grave mientras están en público. Si tienen que ser ingresados en el hospital o se llama a una ambulancia, el médico o el paramédico sabrán exactamente a quién dirigirse para obtener información médica y un diagnóstico. La lista de medicamentos prescritos y alergias indica al médico a qué se enfrenta y reduce la posibilidad de una interacción adversa con otros fármacos.

Por último, pero lo más importante, sepa cuándo tiene que pedir ayuda. Si tu ser querido tiene tendencias suicidas o se convierte en un peligro para ti y tu familia, no intentes resolverlo por tu cuenta. Llame inmediatamente a los servicios de emergencia y haga que se ocupen de ello. Por encima de todo, usted quiere que su ser querido esté a salvo. No te sientas culpable por llamar si crees que es necesario.

Sea paciente con su proceso de recuperación

Aunque su ser querido se comprometa plenamente a mejorar, seguirá habiendo recaídas. El tratamiento es un proceso de ensayo y error, lo que significa que la medicación que funcionó al principio puede perder su eficacia con el tiempo. Que te receten una medicación determinada para aliviar los síntomas no siempre significa que esa medicación específica vaya a funcionar en tu caso. El hecho de que un trabajo de investigación o estudio científico específico muestre que el

95% de sus pacientes mostraron una mejoría en sus síntomas, no significa que su familiar no pueda caer en ese 5% que no muestra mejoría.

La recuperación es algo que debe afrontarse día a día. Algunos días serán increíbles y su ser querido actuará igual que antes de presentar los síntomas; pero otros días puede parecer que es el fin del mundo a medida que sus síntomas aumentan. Recuerde que no es el fin del mundo. Sólo significa que hay que reajustar el plan de tratamiento o cambiar la medicación por algo nuevo. El tratamiento no es una solución rápida para una enfermedad que dura toda la vida, así que ten paciencia y sigue la corriente.

Sea solidario

Apoyar a su familiar en todos sus días buenos y malos y en su tratamiento puede ser beneficioso para su recuperación. Una persona que padece trastorno bipolar y vive en un hogar lleno de familiares que le apoyan experimentará menos estrés y menos episodios anímicos. El apoyo total no detendrá un episodio maníaco o depresivo, pero experimentarán síntomas más leves. Sentir el pleno apoyo de su familia les hará sentirse más cómodos cuando hablen de sus síntomas y de cómo se sienten.

Acepte

La aceptación del diagnóstico de su ser querido es necesaria para apoyarle en su recuperación. Saber y reconocer plenamente que tu vida y la de toda tu familia no va a ser igual que antes, y aceptarlo, es el primer paso para ser comprensivo. Aceptar el hecho de que tendrán días buenos y días malos, y que el tratamiento no siempre es un camino directo hacia la recuperación, cambiará su perspectiva de lo que será su nueva normalidad.

Acepte los límites de su ser querido

En sus días malos, acepta el hecho de que no pueden salir de su manía o depresión por voluntad propia. Acepta que no siempre pueden controlar sus emociones o cuándo tendrán un episodio. En su lugar, puedes animarles a utilizar otras formas alternativas de afrontar y controlar sus síntomas. Haz ejercicio con ellos para aumentar sus niveles de serotonina. Mantén una rutina de sueño y asegúrate de que se duermen y se despiertan a la misma hora todas las noches. Recuérdele, y quizás ayúdele, a mantener su habitación y su casa limpias. Un entorno caótico crea una mente caótica, por lo que mantener su entorno limpio y organizado puede ayudar a mantener sus pensamientos de la misma manera.

Acepte sus propios límites

Todo el mundo tiene sus límites, incluido usted. No se permita creer que el éxito del tratamiento de su ser querido depende únicamente de usted. Es su trabajo y su responsabilidad esforzarse por recuperarse, no la tuya. No sea usted el único responsable de rescatarle cada vez que entre en crisis. A menos que sea tu cónyuge o tu hijo, hay otras personas que pueden ayudarles dentro de tu familia. Asumir constantemente toda la responsabilidad de su recuperación, además de tus propias responsabilidades, puede hacer que te agotes muy rápidamente.

Asumir responsabilidades adicionales puede dejarle agotado y dañar su salud mental y física. Si sientes que el estrés de cuidar a un ser querido es demasiado para ti, no tengas miedo de buscar ayuda. No puedes servir de una taza vacía, así que recuerda dar prioridad también a tu salud mental y física.

Concéntrate también en tu vida

Tienes que centrarte en tu propia vida y permitirte ser lo primero. No tengas miedo de establecer límites con tu ser querido y tu familia. No dudes en decirles "no" si no puedes hacer algo por ellos porque tienes obligaciones o planes previos. Puedes tener tu propia vida, aunque tu hijo o tu cónyuge padezcan una enfermedad mental, pero eso no significa que tengas que convertirlos siempre en tu centro de atención.

Ser cuidador puede traer mucho estrés a tu vida. Asegurarte de que controlas tu propio estrés mientras intentas ayudar a tu ser querido a reducir el suyo puede evitar que te agobies y te sientas abrumado por tus nuevas responsabilidades. Dedicar un tiempo extra a estar solo y reflexionar, aunque sólo sea unos momentos, no es un delito y no debes sentirte culpable por ello.

CAPÍTULO 9: FORMAS DE PREVENIR FUTUROS EPISODIOS DE MAL HUMOR

Adoptar conscientemente medidas que puedan prevenir o reducir la gravedad de un episodio del estado de ánimo puede facilitar el tratamiento y hacerlo más eficaz. El simple hecho de buscar ayuda y diferentes tipos de tratamiento son pasos hacia la recuperación de su vida. Buscar ayuda para una enfermedad que puede afectar gravemente a todos los aspectos de la vida, ya sea física o mental, no es algo de lo que avergonzarse, sino que debe celebrarse. Demuestra que te quieres lo suficiente como para intentar mejorar y que, en el fondo, sabes que mereces ser feliz.

Busque tratamiento lo antes posible

A estas alturas estoy seguro de que ya ha visto lo perjudicial que puede ser un trastorno bipolar no tratado para su vida, su trabajo, su reputación y sus relaciones. Por desgracia, desear simplemente que los síntomas desaparezcan por sí solos no funciona. Por eso, encontrar tratamiento lo antes posible es tan importante para todos los aspectos de su vida. Intentar arreglar todos tus síntomas con autocontrol y fuerza de voluntad no va a servir de nada cuando algunos días ni siquiera tienes fuerza de voluntad para bañarte. El tratamiento puede ayudarte a recomponer las piezas de tu vida a medida que empiezas a mejorar.

Mantener un horario regular de sueño

Perder una cantidad considerable de sueño, aunque sólo sea una noche, puede desencadenar un episodio maníaco o depresivo. Intenta establecer un horario de sueño manejable que te permita dormirte y despertarte a la misma hora todos los días. A veces, puede ser necesario ajustar el horario de sueño debido a las responsabilidades laborales o a una salida nocturna planificada, pero asegúrate de dormir al menos ocho horas por noche para sentirte concentrado y renovado al despertar.

Mantener la habitación limpia y cómoda permite dormir bien. Despertarte con una habitación limpia puede hacer que empieces el día con buen pie y de buen humor. Si te despiertas en una habitación que parece haber sido alcanzada por una bomba atómica, te sentirás irritado al instante y querrás volver a dormir para no tener que lidiar con ello.

Intenta evitar las pantallas al menos una hora antes de irte a dormir; esto incluye televisores, ordenadores portátiles y teléfonos móviles. La luz azul que emiten las pantallas mantendrá tu cerebro estimulado y dificultará la relajación de tus pensamientos para conciliar el sueño. Las situaciones estresantes, como ver las noticias o una discusión, también pueden dificultar conciliar el sueño. Te darás cuenta de que tus pensamientos se aceleran al pensar en lo que deberías haber dicho durante la discusión o en el suceso traumático que viste en las noticias de la noche; cuando tus pensamientos deberían ralentizarse, permitiéndote conciliar el sueño.

Atención a las señales de advertencia

Preste atención a las señales de advertencia con las que se ha familiarizado antes de que comience un episodio del estado de ánimo. Darse cuenta de que sus síntomas han reaparecido y de qué cambios pueden haberlos desencadenado puede hacerle tomar conciencia de otros posibles síntomas maníacos o depresivos mayores. Cuando aparezcan las banderas rojas de un episodio inminente, puede advertir a su familia y amigos para que le vigilen. A continuación, puedes ponerte en contacto con tu terapeuta o médico y ver qué te aconsejan.

Evitar las drogas y el alcohol

Evitar las drogas y el alcohol es una buena recomendación para todo el mundo, sin embargo, las personas con trastorno bipolar pueden experimentar síntomas peores si abusan de estas sustancias. Puede que no compartas las mismas experiencias que otras personas cuando beben alcohol o abusan de las drogas. Puede volverse más reclusivo o lleno de ira. Sus síntomas seguirán empeorando y la duración de sus episodios será mayor y ocurrirán con más frecuencia. Las drogas y el alcohol pueden interactuar terriblemente con su medicación y hacer que se ponga muy enfermo y, en algunos casos, la muerte es un efecto secundario de la interacción. Mezclar drogas o alcohol con la medicación también puede hacerla ineficaz.

Tome su medicación según las indicaciones

Tomar la medicación según las indicaciones del médico significa no tomar más de la cuenta y no dejar de tomarla sin supervisión. Tomar más de lo prescrito puede causar una sobredosis o un episodio maníaco grave, y posiblemente un brote psicótico de la realidad. Un episodio grave o un brote psicótico pueden llevarte ⌐ un centro psiquiátrico de vigilancia de suicidios durante varios días, un temor que ya tienen la mayoría de las personas con enfermedades mentales. Tomar más medicación sin el consejo de tu médico no va a hacer que te sientas mejor.

Decidir dejar de tomar los medicamentos de forma brusca tiene sus propios problemas. Una vez que empieces a sentirte mejor y tus síntomas sean manejables, vas a tener la tentación de dejar de tomarlos. Empezarás a olvidar por qué los tomabas en primer lugar cuando ahora te sientes mucho más feliz y sano. Tu progreso se debe en gran parte a la medicación, y todavía necesitas tomarla para seguir sintiéndote mejor y progresando en tu recuperación. Si dejas de tomarla, sin duda volverán los síntomas, y posiblemente con más fuerza que antes. Algunos medicamentos te harán pasar por un síndrome de abstinencia, como si estuvieras dejando drogas duras. Si crees que tu medicación no está funcionando, ponte en contacto directamente con tu médico en lugar de tomar el tratamiento por tu cuenta. Pueden ir retirándote la medicación poco a poco mientras la sustituyen por otra nueva.

Algunas personas sienten la necesidad de dejar de tomar la medicación durante una sola noche para poder tener esa energía maníaca mientras se afanan por terminar un proyecto o estudiar para los exámenes. Otras personas simplemente echan de menos la alegría de tener tanta energía y lo mucho que eran capaces de lograr en poco tiempo. Decidir no tomar la medicación aunque sólo sea un día puede alterar todo el tratamiento y ser el comienzo de un episodio grave. Las sensaciones familiares de la manía le parecerán eufóricas y quizá empiece a creer que ya no necesita la medicación, mientras recae lentamente en sus hábitos anteriores. Mantener una rutina diaria de medicación constante le ayudará a prevenir un posible episodio anímico y evitará que vuelva a los comportamientos destructivos de antaño.

Tendrás que luchar constantemente contra tu enfermedad mental cuando te diga que estás bien y que no necesitas la medicina, pero no te lo creas. Eso es lo que hacen las enfermedades mentales, ese es su trabajo. Hacen que te cuestiones a ti mismo y a los que te rodean, y los motivos que rodean tu tratamiento. Dañan tu capacidad de pensar clara y racionalmente, y distorsionan tus creencias para reflejar tus mayores temores.

CONCLUSIÓN

Espero que esta guía sobre el trastorno bipolar le haya sido de utilidad en su viaje hacia la recuperación. Conocer la diferencia entre cada tipo de trastorno bipolar y todo lo que conlleva en cuanto a síntomas puede darte una nueva perspectiva sobre lo que tú o tu ser querido estáis afrontando a diario.

Aprender cómo se trata el trastorno bipolar y las formas alternativas de tratar sus síntomas en casa puede darle las herramientas que necesita para seguir adelante y mejorar su bienestar mental y emocional.

Recordar que debes apoyar emocional y físicamente a tu ser querido mientras se esfuerza por mejorar puede abrir nuevas puertas a tu forma de comunicarte y establecer vínculos con él.

Puede que los consejos y técnicas que se le han proporcionado para prevenir futuros episodios maníacos y depresivos no siempre funcionen, pero le permitirán ser mucho más consciente del empeoramiento de sus síntomas y estar mejor preparado para obtener la ayuda que necesita, en cuanto la necesite.

Milton Keynes UK
Ingram Content Group UK Ltd.
UKHW021011061024
449204UK00010B/553